T0045038

Peldaños

DESTINO: EL ESPACIO

¡DESPEGUE!

por Rebecca L. Johnson con Donald Thomas, astronauta

"Había estado esperando este momento desde que tenía seis años.

Estaba acostado de espaldas, sujetado a mi asiento en el Transbordador Espacial Columbia. Faltaban unos minutos para el lanzamiento y mi primer viaje al espacio. Seis segundos antes del despegue, los tres motores principales sonaban estrepitosamente. Mi asiento corcoveaba. Traqueteaba. Giraba. Si no hubiera estado sujetado, el movimiento me habría tirado al piso. El Columbia despegó hacia el cielo. Ocho minutos y medio después, todo quedó en silencio. Los motores principales se apagaron. Estaba en el espacio".

El Transbordador Espacial Columbia despega hacia el espacio. A bordo están Don Thomas y sus compañeros astronautas.

DONALD A. THOMAS se convirtió en astronauta en 1991. Don voló en cuatro misiones del transbordador espacial. Estuvo 1,040 horas (un poco más de 43 días) en el espacio, según su bitácora. Sus misiones incluyeron: STS-65 Columbia (1994), STS-70 Discovery (1995), STS-83 Columbia (1997) y STS-94 Columbia (1997).

El astronauta Don Thomas hizo algo que la mayoría de las personas sueñan hacer: viajó al espacio. Voló en un transbordador espacial, que es una nave espacial con alas. Un transbordador espacial parece un avión, pero vuela mucho más rápido y alto. Vuela lo suficientemente alto para entrar en **órbita** alrededor de la Tierra.

¿Qué se ve desde varios cientos de millas sobre la superficie de la Tierra? Únete a Don mientras experimenta las maravillas del espacio por primera vez.

Don disfrutó de una buena vista del Sol desde el transbordador. El Sol es una estrella. Parece ser mucho más grande que otras estrellas. Eso se debe a que el Sol está mucho más cerca de la Tierra que las estrellas que vemos de noche. El Sol es una bola ardiente de gases que emite enormes cantidades de calor y luz. La energía del Sol calienta la Tierra.

A medida que la Tierra orbita alrededor del Sol, gira sobre su **eje.** La Tierra da un giro completo cada 24 horas. Los habitantes de la Tierra ven una salida y una puesta del Sol durante esas 24 horas. Pero el transbordador viajaba alrededor de la Tierra a 28,000 kilómetros (17,500 millas) por hora. Por lo tanto, Don veía que el Sol salía y se ponía cada 90 minutos. ¡Eso es 16 salidas y puestas del Sol por día!

> Una vista de la Tierra en el espacio cuando el Sol aparece sobre el horizonte. En la Tierra, esta vista se aprecia como salida o puesta del Sol.

^ Don y su compañero astronauta Leroy Chiao, flotan dentro del Laboratorio Espacial a bordo del Transbordador Espacial Columbia.

"**Me solté y floté hacia una ventanilla.** *Nada podría haberme preparado para lo que vi. La oscuridad entintada parecía de color negro brillante. Una capa de azul brillante de la atmósfera de la Tierra se unía a la oscuridad del espacio. Pronto, vi la primera de muchas puestas del Sol desde el espacio*".

"Desde el transbordador espacial pude ver muchas más estrellas de las que alguna vez viera en tierra.

En la Tierra, la atmósfera bloquea parte de la luz de cada estrella. La atmósfera no solo opaca la luz de las estrellas, sino que cambia cómo se ven las estrellas. Los gases en movimiento en la atmósfera hacen que las estrellas parpadeen. En el espacio, las estrellas no parpadean. Parecen puntos de luz estáticos".

^ A bordo del Transbordador Espacial Columbia,
Don trabaja en un experimento diseñado para
realizarlo en el espacio.

Las estrellas tienen diferentes colores. Don vio estrellas blancas, azules y rojas. También vio estrellas amarillas como el Sol. El color dice mucho sobre una estrella. Las estrellas más frías son rojas, las calientes son amarillas y las más calientes son azules.

Las estrellas están en grupos que se llaman **galaxias.** El Sol y aproximadamente 200 mil millones de otras estrellas son parte de nuestra galaxia, que se llama Vía Láctea.

Los científicos estiman que hay aproximadamente 80 a 100 mil millones de otras galaxias en el espacio. Don usó sus binoculares para observar galaxias lejanas a través de las ventanas del transbordador espacial.

Un paracaídas de frenado ayuda a detener el Transbordador Espacial Columbia cuando aterriza de vuelta en la Tierra.

"Después de observar todas las escenas extrañas *y maravillosas en el cielo nocturno, fue bueno ver el viejo y conocido Sol de nuevo. Pronto me di cuenta de que echaba de menos mi hogar. Aunque las estrellas y las galaxias son impresionantes, no hay lugar como la Tierra".*

¡Recorrieron 9.6 millones de kilómetros (6 millones de millas) en 353 horas y 55 minutos! Su aventura había sido inolvidable, pero Don estaba listo para volver a la Tierra.

Don hizo tres viajes más al espacio durante su carrera como astronauta. El programa de transbordadores espaciales comenzó en 1981 y terminó en 2011. Los transbordadores volaron en 135 misiones al espacio. ¿Qué le depara el futuro a los viajes espaciales? Quizá haya cohetes ultraveloces u otros vehículos espaciales. Como sea, ¡seguro que será una aventura sorprendente!

Compruébalo   ¿Qué preguntas le harías a Don sobre sus viajes al espacio?

El Hubble y más allá

por Rebecca L. Johnson

H emos observado las estrellas a través de **telescopios** por cientos de años. Pero los telescopios tienen un problema en la Tierra. Se debe observar a través de la atmósfera de la Tierra para ver las estrellas. Esto hace que las estrellas se vean borrosas. Poner telescopios sobre la atmósfera de la Tierra fue fundamental para ver mejor el espacio.

Por lo tanto, los científicos inventaron los telescopios que **orbitan** en el espacio.

Los paneles solares convierten la luz solar en electricidad. La electricidad hace funcionar el Telescopio Hubble y sus instrumentos.

10

¡Conoce el Hubble!

- El Telescopio Espacial Hubble se lanzó en 1990. Se llama así en honor al astrónomo Dr. Edwin Hubble.

- El Hubble es tan grande como un autobús escolar. Orbita alrededor de la Tierra aproximadamente a 569 kilómetros (353 millas) de altura sobre la superficie de la Tierra.

- El Hubble detecta luz visible. También detecta luz infrarroja o ultravioleta que los ojos humanos no pueden ver.

- Los científicos usan información del Hubble para formar imágenes coloridas de las estrellas y las **galaxias**.

- Los astronautas han actualizado el Hubble con los años. Es aproximadamente 100 veces más poderoso que cuando fue lanzado.

Esta imagen de las galaxias Antennae se tomó con el Telescopio Hubble. El Hubble capta los colores dorado y marrón. Las galaxias están aproximadamente a 45 millones de años luz de la Tierra.

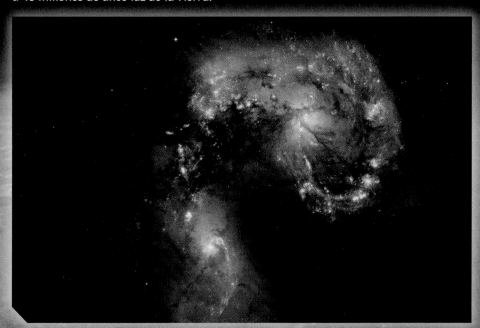

Esta es una imagen de un área del espacio conocida como Cas A. Esta imagen se tomó con Chandra. El Telescopio Chandra muestra los colores azul y verde.

¡Te presentamos a Chandra!

- El observatorio de rayos X Chandra es un telescopio espacial. Se lanzó en 1999. Se llama así en honor al científico espacial Dr. Subrahmanyan Chandrasekhar.

- Chandra mide aproximadamente 14 metros (45 pies) de largo. ¡Eso es más largo que un autobús! Es uno de los telescopios espaciales más grandes.

- Chandra detecta los rayos X que viajan a través del espacio. Los rayos X son una forma de luz invisible.

- Los científicos estudian las imágenes de Chandra para aprender sobre estrellas que explotan, gases calientes y agujeros negros.

Los paneles solares convierten la luz solar en energía eléctrica para hacer funcionar el Chandra.

Esta es una ilustración del Chandra en el espacio que hizo un artista.

¡El increíble Spitzer!

- El Telescopio Espacial Spitzer se lanzó en 2003. Se llama así en honor al Dr. Lyman Spitzer, Jr. Este científico fue el primero que pensó en poner grandes telescopios en el espacio.

- El Spitzer mide aproximadamente 4 metros (13 pies) de largo. Tiene aproximadamente el tamaño de un camión de mudanzas.

- El Spitzer solo detecta la luz infrarroja. Las personas no pueden ver la luz infrarroja, pero la pueden sentir en forma de calor.

- Los científicos estudian las imágenes del Spitzer para aprender sobre las nubes gigantes de polvo, las galaxias y las estrellas moribundas.

Esta imagen muestra una gran área donde se forman estrellas cerca de la Vía Láctea. Los colores rojos que tiene fueron captados por el Telescopio Spitzer.

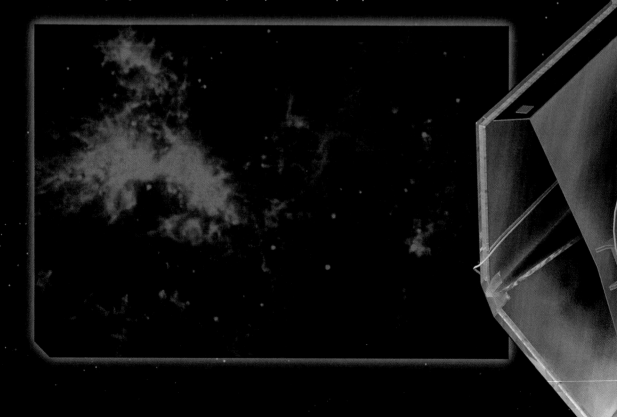

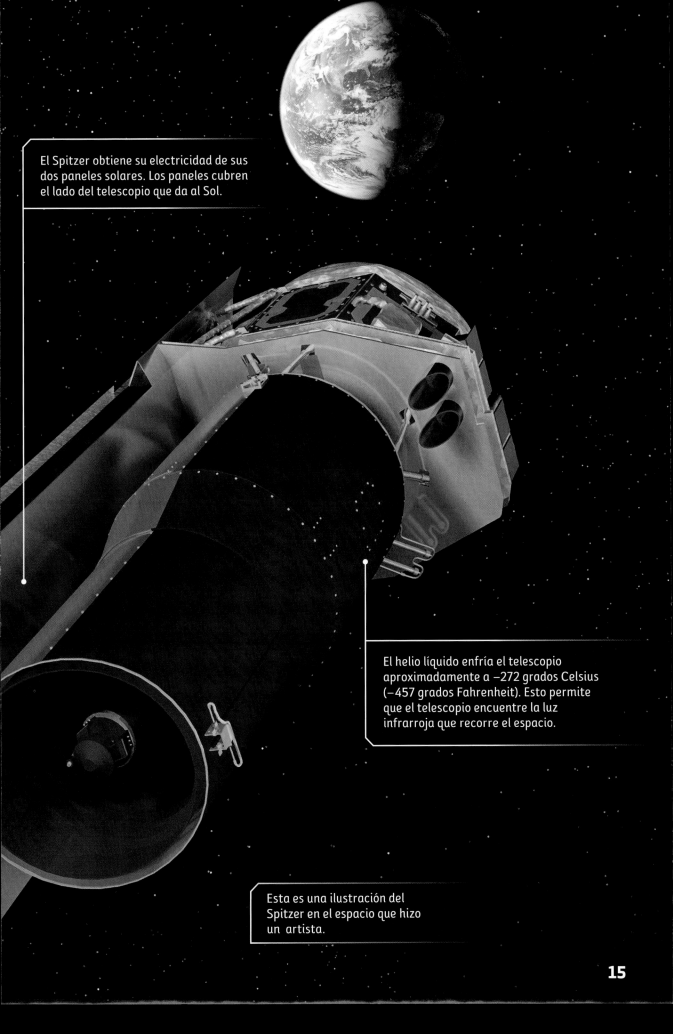

El Spitzer obtiene su electricidad de sus dos paneles solares. Los paneles cubren el lado del telescopio que da al Sol.

El helio líquido enfría el telescopio aproximadamente a −272 grados Celsius (−457 grados Fahrenheit). Esto permite que el telescopio encuentre la luz infrarroja que recorre el espacio.

Esta es una ilustración del Spitzer en el espacio que hizo un artista.

¡Unir las imágenes!

Cada telescopio espacial toma imágenes que brindan distinta información sobre los objetos que hay en el espacio. Los científicos pueden combinar estas imágenes.

El Hubble, el Chandra y el Spitzer toman diferentes imágenes de la galaxia M82. M82 está aproximadamente a 12 millones de años luz de la Tierra. Muchas estrellas nuevas se están formando allí. Los científicos observaron las imágenes de los tres telescopios y aprendieron que algunas estrellas nuevas mueren rápidamente en poderosas explosiones conocidas como **supernovas.**

Los científicos han aprendido mucho con los telescopios espaciales. Los telescopios brindan información que los científicos no podrían obtener si observaran el espacio desde la Tierra. Nadie sabe qué nuevos descubrimientos se harán en el futuro. Pero los telescopios espaciales ayudarán en esos descubrimientos.

La vista del Hubble de M82 muestra una galaxia mediana. (Observa el disco verde pálido). El Hubble también detectó bandas de gas caliente que salían de la galaxia. (Mira las vetas anaranjadas).

Chandra detectó rayos X que salían de gases supercalientes en M82. En esta imagen, los gases parecen manchas azules que rodean la galaxia.

Esta imagen es un conjunto de imágenes que se unieron. Provienen de los telescopios Hubble, Chandra y Spitzer. Las imágenes de los telescopios se combinan para mostrar una vista sorprendente del estallido estelar que forma la galaxia M82.

La vista infrarroja del Spitzer muestra una enorme nube de gas y polvo que sale del centro de la galaxia. (Observa todo el rojo de la imagen).

Compruébalo   ¿Qué información han aprendido los científicos gracias a los telescopios espaciales?

VIVIR EN EL ESPACIO

por Rebecca L. Johnson

SUNITA WILLIAMS, nacida en 1965, era piloto de avión a chorro en la Marina. Comenzó el entrenamiento de astronauta en 1998. Ha estado en la Estación Espacial Internacional dos veces (de diciembre de 2006 a junio de 2007 y de julio a noviembre de 2012).

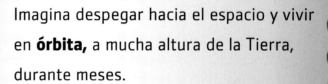

Imagina despegar hacia el espacio y vivir en **órbita,** a mucha altura de la Tierra, durante meses.

La astronauta Sunita Williams ha pasado 322 días en el espacio, la mayor parte en la Estación Espacial Internacional (ISS, por sus siglas en inglés). La ISS orbita aproximadamente a 400 kilómetros (250 millas) de altura sobre la Tierra. De tres a seis astronautas viven en la estación espacial. Durante su visita a la ISS en 2012, Sunita vivió y trabajó con astronautas de Japón, Rusia y los Estados Unidos. Parte de ese tiempo estuvo a cargo.

¿Cómo es vivir en la ISS? "Estamos ocupados todo el tiempo", dice Sunita. "Cada día es un poco diferente. ¡Es maravilloso!".

Sunita usa un traje espacial para protegerse mientras está fuera de la estación. El visor reflector protege los ojos de Sunita de los rayos dañinos del Sol.

Esta imagen muestra la ISS en el espacio, con la Tierra debajo.

Sunita pasaba la mayor parte de su tiempo dentro de la ISS. Pero a veces se ponía un traje espacial grande y voluminoso, y salía a hacer pequeñas reparaciones a la estación.

Hasta ahora, Sunita ha hecho más caminatas espaciales que cualquier otra mujer astronauta. Ha pasado más de 50 horas trabajando en el espacio, fuera de la ISS.

Cuando se vive en el espacio, hay que acostumbrarse al bajo nivel de gravedad. "Sientes que no pesas nada. Y si algo no está amarrado, flota", dice Sunita.

Los astronautas están organizados. Ponen sus objetos personales en casilleros, amarran todo o lo adhieren a las paredes con Velcro. Para permanecer sujetados, se sostienen con amarras o meten los dedos del pie en agarraderas. Cuando quieren moverse, planean por el aire de un lugar a otro.

Hay muchos lugares a donde ir en la ISS. Tiene el tamaño aproximado de una cancha de fútbol americano, incluidos sus enormes paneles solares que parecen alas. Y hay casi tanto espacio como en una casa con cinco habitaciones. Hay varios laboratorios científicos, dos baños, un gimnasio y muchas ventanillas.

Vivir en el espacio requiere mucho trabajo. Pero también hay momentos para relajarse. Para mantenerse fuerte y saludable, Sunita hace ejercicio en el gimnasio todos los días. Habla con su familia y amigos en la Tierra. Y a veces, junto con otros astronautas, mira vídeos.

Uno de los pasatiempos favoritos de Sunita es observar la Tierra desde las ventanillas de la estación espacial. "Simplemente es bonita. O sea, es azul, es verde, es morada. Se forman las nubes, se forma el hielo. Es simplemente espectacular".

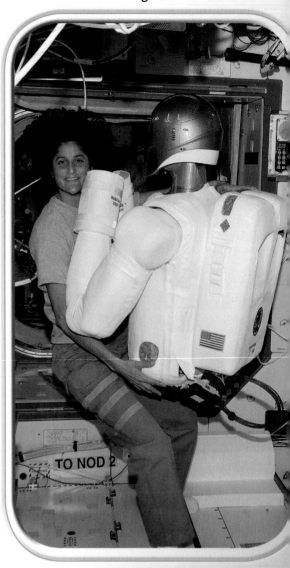
Sunita trabaja con el *Robonaut 2* en una investigación científica.

Sunita se prepara un bocadillo en la cocina de la ISS.

Sunita ejercita en un tipo de bicicleta especial. Hace esto como parte de su primer triatlón en el espacio.

Compruébalo ¿Qué preguntas le harías a Sunita sobre la ISS?

Comenta

1. Compara las experiencias que tuvo Don Thomas a bordo del Transbordador Columbia con las experiencias de Sunita Williams a bordo de la ISS. ¿En qué se parecen? ¿En qué se diferencian?

2. Compara y contrasta los diferentes telescopios espaciales de "El Hubble y más allá". ¿Cuál crees que es el telescopio más interesante? Explica tu respuesta.

3. ¿Te gustaría viajar o vivir en el espacio? ¿Por qué? Explica tu respuesta.

4. El programa de transbordadores de la NASA terminó en 2012. ¿Cuál crees que es el futuro de los viajes espaciales? ¿Dónde podrías buscar más información sobre los viajes espaciales y la exploración espacial?